Vive le CE2 !
Ségolène Valente
Pyjama party

De la même auteure, dans cette série :

Les secrets de la récré

RAGEOT

Cet ouvrage a été imprimé sur un papier
issu de forêts gérées durablement,
de sources contrôlées.

Couverture et intérieurs : Isabelle Maroger
Mise en pages : Graphicat

ISBN : 978-2-7002-5456-3
ISSN : 1951-5758

© RAGEOT-ÉDITEUR PARIS, 2017.
Tous droits de reproduction, de traduction
et d'adaptation réservés pour tous pays.
Loi n° 49-956 du 16-07-1949 sur les publications
destinées à la jeunesse.

Alors... tu dors !

Il ne faut pas croire qu'en CE2 tout le monde a déjà dormi chez une copine (ou un copain). J'en connais plein qui n'ont jamais dormi chez une copine (ou un copain). Dans ma classe par exemple, euh... qui ? peut-être... euh... ben oui : moi !

Moi, Camille, en CE2, je n'avais jamais dormi chez une copine (et encore moins chez un copain). Jusqu'à ce samedi.

Ce jour-là, je jouais chez Marie-Lou. En fin d'après-midi, juste avant que je rentre chez moi, elle a eu un petit creux alors on a fait un tour dans la cuisine. Elle s'est jetée sur un saladier de bananes et en a arraché deux, une pour elle, une pour moi.

J'ai consulté ma montre et je l'ai prévenue :
– Ce n'est plus l'heure du goûter, il est six heures cinq.
– Déjà ?
– Et maman vient bientôt me chercher.
– Déjà !

Elle a croqué un gros morceau avant de s'exclamer, la bouche pleine :

– On n'a même pas commenché nos che-crets !

Marie-Lou ne se rend pas compte.

1- Que les après-midi ont une fin.

2- Que lorsqu'on joue, les chiffres des minutes ne restent pas bloqués.

3- Qu'il faut se dire au revoir à un moment, c'est la vie !

C'est sûr, on s'amusait super bien avec notre carnet de copines. Depuis notre retour de la poterie (l'atelier poterie, c'est le samedi de deux heures à quatre heures et après, à chaque fois, on va jouer chez elle ou chez moi) on avait déjà décoré nos fiches d'identité sur les deux premières pages.

Page une, j'ai marqué :
Prénom : Camille
Classe : CE2

Famille : un petit frère (qui pique mes affaires)
Caractère : sérieuse, serviable, sensible
Signe particulier : lunettes

Page deux, elle a marqué :
Prénom : Marie-Lou
Classe : CE2
Famille : un quasi-frère (qui pique des crises)
Caractère : joyeuse, joueuse, généreuse
Signe particulier : lunaire

On a imprimé nos photos et on les a scotchées avec ce qui restait du rouleau qu'on a trouvé sur le bureau de son quasi-frère, Charly.

Comme on était samedi, j'ai proposé :
– Pour les secrets, on se revoit demain ?
– Impochible ! Demain, on déjeune chez mes coujins !
– Alors tu apportes le carnet lundi et on le continue à la récré ?

Elle a réfléchi, le temps d'avaler son dernier morceau de banane.

– Lundi… la semaine prochaine, tu veux dire ? C'est dans trop longtemps.

– Dans deux jours.

– Impossible, je ne pourrai jamais attendre !

Elle a abandonné sa peau de banane sur le bord de l'évier et, pour combler son petit creux pas si petit, elle a arraché un bout de pain grand comme un sandwich. Elle a récupéré la mie et l'a roulée en boule dans ses mains. Elle a examiné sa boule, m'a regardée droit dans les lunettes avec des yeux lumineux comme des soleils et a murmuré d'une voix douce comme le miel :

– Alors… tu dors !

– Moi ?

– Maman nous fait ses célèbres hamburgers ce soir…

J'ai remonté mes lunettes du bout de l'index, comme souvent quand je dois répondre à une question difficile. Hamburgers ou pas hamburgers ? Sans perdre de temps, j'ai tendu la main, le cœur battant, et j'ai dit :
– Tope là !
Elle a répété en hurlant de joie :
– Tope là !

Elle a topé fort. J'ai topé encore plus fort. On a topé des dizaines de fois sans s'arrêter puis on a explosé de rire, les paumes en feu. En trois secondes, sans réfléchir à rien, c'était décidé et signé : pour la première fois de ma vie, je dormais chez une copine.

Marie-Lou m'a tendu sa boule de mie bien ronde et m'a dit avec sa générosité habituelle :
– Cadeau !

J'ai répondu avec ma politesse habituelle :
– Toujours pas faim, merci !

Elle l'a engouffrée comme si c'était une boule magique. Et j'ai réalisé que je n'aurais jamais dû toper si vite.

Dormir chez une copine ? En temps normal, à cette proposition, une sonnette d'alarme aurait aussitôt retenti dans mon cerveau : « Tut, tut ! Alerte ! Tut, tut ! Au secours-rentrer-maison ! »

Pour être sincère, je ne suis pas une aventurière. Dans mes rêves, j'ose tout, c'est facile. Mais dans la réalité, c'est plus compliqué. En CE2, il y en a qui ont déjà dormi cent fois chez une copine. Moi jamais. Même pas chez Marie-Lou. Marie-Lou :

1- Qui a déjà passé plusieurs nuits chez moi

2- Que je connais depuis une éternité

3- Qui est ma meilleure copine.

Je n'y peux rien, j'aime trop mon oreiller, ma couette, ma petite lampe et fermer les yeux en sachant que mes parents et mon petit frère sont juste de l'autre côté du couloir.

Mais là, trop tard, j'avais topé. Et…

Topé, c'est topé

Qu'est-ce qui t'a pris, Camille ? Tu ne topes jamais sur un coup de tête ! D'habitude, avant de prendre une décision, tu pèses le pour et le contre, pendant des jours et des nuits, avant de livrer ta réponse ferme et définitive.

Ce samedi-là, j'ai topé d'abord et réfléchi après. Grosse erreur ! Et quand on n'est pas habituée à toper d'abord, au moment où on se rend compte des conséquences de son geste, c'est le vertige assuré.

Lorsque j'ai compris que je m'étais engagée pour dormir chez Marie-Lou, j'ai paniqué. Passer une nuit ici, loin de ma mère, de mon père, de mon frère, de mes petites affaires, pourquoi j'avais promis si vite ? En plus c'était trop tôt pour les secrets, pour l'instant je n'avais rien à marquer dans notre carnet.

Machine arrière, toute !

J'ai consulté ma montre pour la seconde fois en trois minutes et je me suis écriée, sur le même modèle que Marie-Lou :

– Impossible ! Je ne peux pas dormir chez toi. Ma mère vient me chercher et elle doit être en route.

Bizarre, maman avait plusieurs minutes de retard, ce n'était pas dans ses habitudes.

– Eh bien, parfait, a rétorqué Marie-Lou qui a réponse à tout. Elle vient, on lui dit que tu dors ici, elle te fait un gros bisou et elle repart !

– Impossible : je n'ai pas mes affaires, ni ma brosse à dents ni mon pyjama ni des chaussettes propres ni une culotte propre ni un tee-shirt propre…

– Je t'en prête, t'inquiète !

– Ni mes doudous…

– J'en ai des dizaines, des doudous ! Des doudous de toutes les formes, de toutes les tailles, des propres, des sales, des drôles, des mignons, des doudous doux, des doudous archi-doux, des doudous pour tous les goûts… Tu vas dormir avec une montagne de doudous !

J'ai souri mais en vérité, je commençais à être super inquiète. Maman n'est jamais en retard de plus de cinq minutes. M'avait-elle oubliée ? Est-ce que c'était un coup monté avec Carmen, la mère de Marie-Lou, pour m'obliger à dormir ici sans me demander mon avis ?

À cet instant où je sentais mes yeux picoter et les larmes monter, Carmen est entrée dans la cuisine et m'a lancé, en parlant à toute allure comme d'habitude :

– C'est moi qui te raccompagne, Camillette ! Allez zou, en voiture, on ne perd pas de temps. Et la peau de banane, à la poubelle.

– Je viens avec vous ! s'est écriée Marie-Lou en se dépêchant de jeter l'épluchure.

J'ai pensé : « Tiens, tant mieux, elle ne cherche pas à me retenir ! »

Mais elle m'a chuchoté à l'oreille :

– Comme ça, on demande à nos parents la permission pour dormir. Ma mère ce sera oui, j'en suis sûre. Tu prends tes affaires et hop là, on revient chez moi !

J'ai écarquillé les yeux, stupéfaite par ce plan si bien calculé. Elle m'a suppliée, les mains jointes, et elle a murmuré en souriant d'un air ravi :

– Ce sera la première fois que tu dors ici, Camille. Moi, j'ai déjà dormi plein de fois chez toi !

Je n'ai pas répondu ce que je pensais réellement : « Non à tout Marie-Lou : les demandes, les affaires, les hop là, les tope là. Je dors chez moi. »

À la place, j'ai utilisé la stratégie dont je suis l'experte pour résoudre les problèmes : la diversion.

Avec mon petit frère, ça marche très bien. Il fait une colère parce qu'il veut une trottinette comme moi ? Je lui colle son ballon de foot dans les mains en lui disant qu'il est trop beau, son ballon, que je voudrais le même, et c'est gagné, il ne pense plus à son caprice de trottinette.

Pour que ma copine oublie son idée, j'ai changé de sujet.

Je lui ai parlé de sa nouvelle poterie très jolie, elle a trouvé que la mienne était encore plus jolie, je lui ai posé des questions sur ses projets, elle m'a donné des conseils pour réussir les miens.

Et on a tellement bien discuté dans la voiture que c'est moi qui ai oublié son idée, oublié que je devais prévenir mes parents et préparer mon sac en vitesse pour venir dormir chez elle comme on l'avait prévu. Oublié qu'on avait topé. Et que topé, c'est topé.

Et voilà, maintenant on arrivait devant chez moi.

Vite, mon sac

La voiture était à peine garée que Marie-Lou a bondi sur le trottoir et a sautillé jusqu'à la maison avec ses tongs d'été aux pieds. Elle a ouvert la porte et s'est écriée, les bras en l'air, comme si elle célébrait la victoire de l'équipe de France de football :

– Hourra, Camille dort chez moi ce soir !

Quoâ ? Le choc a été si fort que j'ai trébuché sur la marche de l'entrée. J'ai essayé de me retenir aux manteaux, ce qui ne m'a pas empêchée de m'écraser au milieu du couloir en emportant le portemanteau dans ma chute.

J'ai juste entendu la voix de maman.

– Quelle bonne idée ! Alors va vite préparer tes affaires, Camille !

– Et ce n'est pas la peine d'emporter tous ces manteaux, a ajouté papa qui est le spécialiste des blagues bêtes.

– Mais je... euh...

J'étais persuadée que maman refuserait, de peur que je me couche trop tard. Et que mon père dirait pour plaisanter, comme si j'avais cinq ans : « Tu ne vas pas faire des cauchemars ? » Mais, à ma grande surprise, mes parents ont eu l'air ravis par cette nouvelle, comme s'ils l'attendaient depuis une éternité pour passer une bonne soirée.

J'aurais pu discuter pour juste dîner chez Marie-Lou mais mon cerveau était en panne. Je n'arrivais plus à penser aux solutions les plus évidentes.

– Dépêchez-vous, les filles, je suis mal garée ! s'est exclamée Carmen. Je vous attends dans la voiture.

Marie-Lou a détalé dans l'escalier. J'ai suivi ses tongs jusqu'à ma chambre, pas si sûre d'être capable de retrouver le chemin toute seule. J'ai bourré mon sac à dos coccinelle avec ce qui me tombait sous la main, comme si je partais pour toujours sur une île déserte.

1- Pour le confort : brosse à dents, dentifrice, pyjama, pantalon…

2- Pour le réconfort : des petits doudous qui ne prennent pas de place, la boule à neige de Corse pour me rappeler les vacances, la tour Eiffel jaune à strass,

la photo de mon petit frère dans le cadre dinosaure, les cartes Pokémon qui ont de la valeur, une poignée de livres et ma mini-lampe torche que j'ai glissée dans la pochette extérieure.

J'ai embrassé Chouchou-koala, ma peluche fétiche que mon oncle m'a rapportée d'Australie, et j'ai murmuré :

– Désolée, Chouchou, t'es trop gros pour entrer dans le sac !

Sans m'attarder plus longtemps, j'ai rejoint Marie-Lou qui m'attendait en bas de l'escalier : elle avait pris d'office mon oreiller et s'était enroulée dans ma couette.

Maman m'a serrée dans ses bras pour me faire un bisou. Et en guise de dernière recommandation, plutôt qu'un « Ne vous couchez pas trop tard », elle m'a glissé à l'oreille :

– Amusez-vous bien…

– Ah oui, ça, on va s'amuser ! s'est exclamée Marie-Lou alors que j'avais les larmes aux yeux de quitter mes parents, ma maison, ma vie ! Au programme, on a prévu premièrement de s'amuser, deuxièmement de s'amuser et troisièmement de s'amuser ! Pas vrai Camille ?

– Si je comprends bien, on ne vient pas te chercher trop tôt demain matin, a lancé papa en vérifiant que mon sac coccinelle était fermé.

– Quoi, vous ne venez pas me rechercher ? ai-je paniqué.

Marie-Lou m'a entraînée vers la voiture sans attendre la réponse. Au loin, j'ai entendu mon frère gémir :

– Moi aussi je veux aller dormir chez Marie-Lou !

Mais oui, bonne idée : si Tom dormait avec moi chez Marie-Lou, je serais plus rassurée.

J'ai tenté de faire demi-tour pour lui proposer. Mais ma copine m'a gentiment poussée dans la voiture d'un coup d'oreiller et m'a empêchée de bouger un doigt de pied en me fourrant la couette sur les genoux avant de claquer la portière et de s'écrier :

– Que l'aventure commence ! Direction maison !

J'ai juste eu le temps de murmurer :

– Je n'ai même pas dit au revoir à Tom !

La voiture avait déjà filé.

Du calme, Camille, respire, ce n'est pas la fin du monde. Tu n'as pas besoin de ton petit frère pour te tenir la main dans la vie. Tu vas juste dormir chez ta super copine. Pas avec des loups-garous, des espions ou des fantômes. Tu es en CE2, grandis un peu !

Oh, un fantôme dans le frigo !

La voiture avait à peine franchi le carrefour que c'était fini : par magie, j'ai oublié mes soucis ! Marie-Lou a poussé des cris d'otarie en applaudissant avec ses tongs et moi j'ai ri comme une baleine.

À notre arrivée, Charly, le quasi-frère de Marie-Lou, faisait du skate dans la rue.

– Il dort ici ce week-end ? ai-je demandé à l'oreille de Marie-Lou. Tu aurais pu me prévenir.

– Ah oui, tiens, j'ai oublié.

On sortait de la voiture lorsqu'il a roulé vers ma copine, pilé à la dernière seconde et s'est exclamé en la prenant dans ses bras :

– Marie-Bout de Chou, ma petite sœur en sucre !

J'aurais adoré qu'un grand frère me trouve un surnom si mignon. En plus, Charly était trop beau avec ses cheveux en pétard et ses yeux bleus assortis à son jean déchiré.

Comment peut-on s'entendre bien entre frère et sœur? Tom, lui, passe 50 % du temps à m'exaspérer et 50 % à être juste invisible.

J'ai sorti mon sac de la voiture et Charly m'a demandé, avec un sourire large comme sa planche de skate :

– Tu dors à la maison, Caillou?

Caillou? Il n'y a que deux personnes qui m'appellent Caillou sur terre : mon père et ma mère. J'ai approuvé en bégayant un début de phrase incompréhensible. Lorsque je suis émue, je ne parle plus couramment ma langue maternelle :

– C'est, enfin, bon, une première, mais je...

– Tu t'es enfin décidée!

– Oui mais, doudous, Marie-Lou... comment ça « enfin »?

Ignorant ma question, il a sauté avec son skate sur le rebord du trottoir.

L'amoureux de Carmen nous a ouvert la porte avec un grand sourire et Carmen et lui se sont embrassés un long moment. Incapable de détourner mes yeux, j'ai pensé aux bisous sur la bouche de mes parents qui durent au maximum une demi-seconde.

Puis j'ai sursauté ! Charly a resurgi vers nous comme une star de la glisse et il a demandé à Marie-Lou, qui essayait d'attraper dans mon sac mon doudou singe aux longs bras et aux longues pattes qu'elle adore :

– Et pour Alfred, elle ne va pas avoir peur ?

– De qui tu parles ? l'a-t-elle interrogé.

J'ai aperçu leur clin d'œil complice, alors je ne me suis pas affolée au mot « peur ».

– Alfred ? j'ai répété tranquillement. C'est une peluche ?

– Alfred, c'est notre copain… fantôme, a-t-il répliqué.

Au mot « fantôme », j'ai ressenti un frisson, c'est normal, mais je ne me suis pas laissé impressionner. J'ai rétorqué :

– Vous avez de drôles de copains, vous !

– Marie-Lou, tu ne lui as pas parlé d'Alfred, notre fantôme préféré ?

– J'ai oublié ! a-t-elle répondu, plus occupée à extirper mon singe du sac que de m'expliquer qui était cet Alfred. De toute façon, moi, la nuit, quand je dors, je dors.

Sans rien ajouter, Marie-Lou a accroché les scratchs des mains du singe autour de son cou et s'est mise à tourner sur elle-même pour faire l'avion.

– Rassure-toi, Caillou, a repris Charly, Alfred n'est pas méchant. On l'a apprivoisé. Il vit dans le frigo et il n'embête personne. On le laisse manger, c'est tout ce qu'il demande.

J'ai ri, persuadée que c'était une blague inventée pour les invités. Qui croit encore aux fantômes à notre âge ?

À cet instant, mon sac s'est complètement ouvert parce que Marie-Lou avait mal remonté la fermeture et mes affaires sont tombées par terre, dans le caniveau. Je me suis précipitée pour les ramasser pendant que ma copine continuait à mimer son avion.

– Tu ne me crois pas ? Demande à Marie-Chou : hein, on a un fantôme dans le frigo qui grignote la nuit ? Un vrai morfale qui pique nos yaourts !

– Et les mousses au chocolat, la mayo, les cuisses de poulet…

– Si tu l'entends cette nuit, n'aie pas peur.

– D'accord, ai-je répondu poliment.

– Il ne te fera aucun mal.

Un fantôme dans le frigo ? J'ai lancé un coup d'œil inquiet à ma copine qui, à présent, nouait les pattes du singe. Vas-y, parle, Marie-Lou, dis quelque chose, on jouera plus tard, réponds que c'est faux, qu'il invente pour me faire peur.

J'ai senti mes jambes à moi ramollir. Le sac à dos m'a paru peser une tonne sur mes épaules. Mes joues ont chauffé comme si j'avais attrapé un coup de soleil ; en réalité, c'était plutôt un coup de stress. Comment tenir debout ?

J'ai inspiré profondément, haussé les épaules et déclaré, l'air décontractée :

– Du moment que votre fantôme ne sort pas de sa cachette pour lire les secrets de notre carnet de copines, c'est le principal. Pas vrai Marie-Lou ?

– Oh, oh ! Un carnet de secrets ? a répété Charly. J'aurai le droit de le lire, moi ?

On a répondu toutes les deux en même temps :

– Ah non, pas question !

On s'est regardées et on a éclaté de rire comme à chaque fois qu'on dit la même chose au même moment.

J'étais fière de ne pas céder à la peur. Cette histoire de fantôme était inventée. Aucune raison de paniquer. Bon, passons aux choses sérieuses : et si j'allais m'installer ?

Chambre cinq étoiles

Marie-Lou m'a emboîté le pas pour m'ouvrir la porte de sa chambre et a annoncé, toute fière :

– Chambre cinq étoiles réservée aux stars ! Admire le luxe…

Elle s'est penchée sur son lit neuf et a tiré sur une poignée pour faire glisser un autre lit.

– Le lit des invitées, inauguration ! Tout nouveau tout beau ! Alors, tu ne regrettes pas d'être venue ?

– Wahou, tu ne m'avais rien dit !

Elle s'est affalée dessus en faisant voler ses tongs et elle a crié :

– C'était une surprise !

Je me suis affalée à côté d'elle en faisant voler mon sac et j'ai crié, moi aussi :

– Super surprise ! Plus confortable qu'à la maison !

– Maintenant si ça te chante, a-t-elle crié encore plus fort, tu peux dormir chez moi tous les samedis soir.

– Ouh là, on va déjà commencer par une nuit, ai-je murmuré prudemment.

Elle m'a aidée à étaler ma couette et j'ai disposé mon oreiller au bout avec mes doudous personnels alignés, dont le singe aux grandes pattes. Je n'ai pas retrouvé ma lampe torche car la pochette de mon sac était ouverte. Pourvu qu'elle ne soit pas tombée dans le caniveau !

J'ai rangé toutes mes affaires autour du lit comme une muraille de château fort : ma trousse de toilette, les petits doudous, la boule à neige de Corse, la tour Eiffel jaune, la photo de mon petit frère, les cartes

Pokémon et mes *Max et Lili*. J'étais prête pour cette première nuit chez ma copine, une nuit douce et paisible, comme à la maison...

Pendant que je m'installais, Marie-Lou a ouvert notre carnet de secrets à la troisième page et a écrit :

Tous nos secrets, rien que nos secrets.

Puis elle a abandonné le carnet pour se jeter sur un *Max et Lili* et j'ai fait comme elle.

On lisait chacune sur notre lit quand Carmen a passé la tête par la porte et m'a suggéré :

– Camille, tu peux appeler tes parents si tu veux.

– Pourquoi, ils sont inquiets ? a demandé Marie-Lou, allongée comme si elle était à la plage.

Sur le même ton qu'elle, j'ai plaisanté.

– Ils ont besoin d'être rassurés, c'est une première pour eux !

– Eh bien, il faudra qu'ils s'habituent ! On a du boulot pour tous les samedis de l'année avec la centaine de pages à remplir de notre carnet de copines ! Surtout si on avance à cette vitesse.

– Je n'ai pas pris un abonnement ici pour tous les samedis, ai-je rappelé pour qu'on soit bien d'accord là-dessus.

Sans m'écouter, elle a claqué son livre et l'a jeté à côté de mon lit.

Alors que Carmen fermait la porte après nous avoir demandé de venir à table, Marie-Lou a bondi sur mon oreiller, les pieds joints, et s'est écriée :

– Pas le temps de manger !

Elle a attrapé notre carnet sur le bureau, l'a ouvert sur une page blanche, elle a pointé la mine du stylo en haut à gauche et m'a interrogée.

– Bon alors je t'écoute, c'est quoi tes secrets ?

– Je ne sais pas si j'en ai vraiment, ai-je répondu. Il faut que je cherche. Et toi ?

– Moi j'en ai trop, je ne sais pas par lequel commencer ! Il faut que je réfléchisse. Et si on faisait une installation ? a-t-elle demandé brusquement en renversant sa caisse de dinosaures.

– On ne doit pas aller dîner ? lui ai-je rappelé, l'eau à la bouche, avec un gros hamburger de Carmen dans chaque œil.

– Dîner ? Mais on n'a pas faim, on veut jouer, nous ! On veut en profiter à 200 % !

Alors que mon ventre gargouillait comme celui d'un T-Rex affamé parce que moi je n'ai pas goûté comme une morfale à six heures, on a installé les dinosaures. J'ai repensé à mon frère : il aurait adoré jouer avec nous, lui qui est incollable sur les noms des dinosaures.

J'ai réalisé que je ne lui avais même pas souhaité bonne nuit. Il attendait sûrement que je l'appelle. Pour lui aussi c'était une première d'être fils unique pendant une nuit entière. Il devait se sentir tellement seul... J'étais triste pour lui et un peu pour moi aussi parce que, pour la première fois de ma vie, il me manquait.

On finissait notre installation quand la porte s'est ouverte. Carmen a demandé :
– Alors les filles, vous n'avez pas faim ?
– Si, on meurt de faim ! ai-je répondu au garde-à-vous, sans laisser à ma copine le temps d'ouvrir la bouche parce que je n'avais pas l'intention de sauter le dîner avant ma première nuit ici.

Tant pis, je téléphonerais à Tom plus tard. Il y a des priorités dans la vie. Manger en est une.

Petit cafard du soir

On n'a pas mangé de hamburgers faits maison comme m'avait promis Marie-Lou pour m'encourager à accepter son invitation. Mais j'étais tellement affamée que j'aurais dévoré n'importe quoi et j'étais capable de passer du régime carnivore à herbivore en une seconde.

J'ai englouti la salade avec les graines bizarres sans protester. Puis j'ai tartiné la moitié du fromage de chèvre sur ma tartine avant que Charly ne s'exclame :

– Laisse-z'en pour Alfred ! Qu'est-ce qu'il va manger à minuit ?

– Ah oui, mince… ai-je murmuré en restant figée dans mon élan.

Son père, l'amoureux de Carmen, a rigolé, suivi de Carmen et de Marie-Lou. Alors Charly a continué.

– Il va dire : « Ouh, ouh, je suis le fantôme affamé, l'invitée a tout mangé, je vais l'effrayer ! »

– Mais non, il ne fait jamais peur, a rétorqué Marie-Lou en voyant mon visage se décomposer. C'est un fantôme gentil.

– Toi tu ne l'as jamais vu affamé, a répliqué Charly. Il peut être très énervé.

– On va déposer pour lui des bonbons dans le frigo, ça va le calmer, a suggéré Marie-Lou.

– Bonne idée, a dit Charly, tu en as ?

J'ai laissé tomber ma tartine sur la table. Cette histoire de fantôme m'avait fait rire, mais maintenant, à la nuit tombée, elle me donnait la chair de poule.

Quand j'ai ouvert le frigo pour ranger le fromage, une odeur étrange m'a chatouillé les narines et un nuage de vapeur suspect, qui avait tout l'air d'un fantôme, m'a fait frissonner. J'ai refermé la porte du frigo aussi sec et j'ai déclaré, au bord des larmes :

– Il faut que j'appelle mon petit frère avant qu'il se couche.

– Attrape !

Charly a fait glisser son téléphone portable sur la nappe comme si c'était un skate de table. Je l'ai réceptionné à temps et je suis sortie dans le couloir.

J'ai mis les oreillettes et composé le numéro de maman que je connais depuis le CP. Réponds, maman, réponds !

En entendant ma voix, maman s'est écriée toute joyeuse :

– Alors c'est la fête, les copines ?

À croire que c'était la fête à la maison pendant que je n'étais pas là !

Je ne voulais pas qu'elle s'imagine que j'appelais pour être rassurée, même si sa voix m'a bien réconfortée. J'ai demandé sans m'attarder :

– Je voudrais parler à Tom pour lui souhaiter une bonne nuit.

– C'est gentil de penser à ton frère. Je te le passe.

Maman rêve qu'on soit les meilleurs amis du monde, mon frère et moi. Ce n'était pas gagné mais ce soir, on y était presque arrivés, alors elle était contente.

Au Allô de Tom, j'ai bondi de joie. Malheureusement la conversation n'a pas été facile. Mon frère devait être en train de jouer, il comprenait tout de travers. J'ai expliqué :

– J'ai oublié de te dire au revoir tout à l'heure.

– Mon tracteur ?

– Je ne parle pas de ton tracteur, je t'appelais pour te souhaiter une bonne nuit. Je pense à toi.

– Les kaplas ?

– Il n'est pas question de kaplas, tu écoutes un peu : je te fais de gros bisous sur les deux joues.

– Sur les genoux ?

– Sur-les-joues ! Appelle-moi quand tu veux. Et tu sais quoi, je te prête Chouchou-koala jusqu'à demain.

Là, comme par hasard, il a parfaitement compris. Il a crié dans le téléphone :

– Chouchou-koala ! Tu me le donnes ?

– Non, je te le prête, juste pour cette nuit. Il est sur mon oreiller. Je ne l'ai pas emmené, il est trop gros. Tu as le droit d'entrer dans ma chambre. Et même si tu veux, tu peux dormir dans mon lit.

Un hurlement m'a explosé l'oreille. Et puis je ne sais pas ce qu'il a fait, j'ai entendu un gros boum et des pas d'éléphant. Il a dû lâcher le téléphone et se précipiter dans ma chambre. Je l'ai entendu claironner :

– Je dors dans le lit de Camille cette nuit ! Avec Chouchou-koala !

– Tu peux dormir dans ma chambre à condition de ne pas mettre de bazar. Tu m'entends, Tom ?

– Je dors dans le lit de Camille !

– Et interdiction de fouiller dans mes tiroirs, promis ?

– Avec Chouchou-koala !

– Et ne rentre pas avec tes chaussettes sales dans mon lit. Tu prends une douche avant de te coucher. Et tu ne piques pas mes affaires. C'est juste pour dormir, pas pour jouer, compris ?

– Mais non, je ne fais plus pipi au lit !

Parfois je me demande si mon frère a un problème d'audition ou un Q.I. de diplodocus. J'ai abrégé la conversation.

– Je te souhaite une bonne nuit, Tom. Dors bien et fais de beaux rêves. Gros, gros, gros bisous.

Il n'a pas répondu, c'était le silence total. J'allais raccrocher quand j'ai entendu un smack : c'était Tom qui m'envoyait un vrai bisou ! J'ai eu les larmes aux yeux et je lui ai claqué plein de bisous moi aussi. Et lui encore d'autres. Et moi aussi. Smack, smack, smack ! Ce n'était jamais arrivé de toute notre vie. J'avais les yeux qui picotaient.

Enfin, j'ai entendu le bip. Il avait raccroché. J'ai pensé qu'un jour peut-être nous aussi on s'entendrait aussi bien que Marie-Lou et Charly.

Je suis montée dans la chambre de Charly pour lui rendre son téléphone et le remercier. Il était affalé sur son lit à regarder des vidéos sur la tablette en gonflant une énorme bulle de chewing-gum. Il a gobé sa bulle, levé les yeux au plafond, et il a grogné :

– *Dégage, la relou.*

J'ai sursauté, même si j'ai vite compris qu'il croyait s'adresser à Marie-Lou. Aussitôt, j'ai posé le téléphone sur le bord du bureau. Et le cœur battant, j'ai couru dans la chambre rejoindre ma meilleure copine sans lui parler du dégage ni du relou de Charly pour ne pas faire d'histoires.

Mais c'était déjà trop tard pour les histoires.

Pyjacourt, combi ou chemise de nuit ?

On s'est amusées à ranger l'armoire de Marie-Lou. C'est moi qui ai proposé qu'on mette de l'ordre dans ses vêtements.

1- Parce que c'était le gros bazar et j'aime les armoires rangées.

2- Parce que je suis curieuse des affaires de ma copine.

3- Parce qu'on était quand même dans une chambre cinq étoiles pour notre pyjama party.

J'examinais ses habits, je les pliais, elle me disait où les poser, entre deux poiriers sur le lit, et je faisais de belles piles. On rigolait bien.

Et puis Marie-Lou a déballé ses pyjamas et les a exposés sur le lit.

– Tu veux quoi ? Pyjacourt stylé, combinaison moelleuse, chemise de nuit de princesse, choisis !

– Wahou, des vrais pyjamas de pyjama party !

Ils me donnaient tous envie, je n'avais jamais vu de pyjamas aussi originaux. J'ai hésité pendant plusieurs minutes, je les ai examinés, je les ai essayés. Et finalement j'ai opté pour le mien, un pyjama bleu à carreaux un peu trop petit, un peu trop banal, mais j'avais l'habitude de dormir avec. On n'allait pas tout changer en un soir.

Marie-Lou a sauté dans le pyjacourt très joli malgré la tache devant.

– Il est bien pratique pour la gymnastique, a-t-elle déclaré.

Elle a fourré les autres pyjamas en boule dans l'armoire avant de retourner sur le lit pour s'exercer au poirier.

Soudain Charly a ouvert la porte avec le pied comme s'il braquait une banque. Il a tendu son scotch qu'on avait un peu massacré pour coller nos photos sur le carnet de copines.

Il a grincé :

– C'est toi qu'as fait ça, Marie-Relou ?

– Primo, je ne m'appelle pas Marie-Relou, a répondu ma copine en restant jambes en l'air parce qu'elle avait fini par réussir un beau poirier. Secundo, sors de ma chambre, tu n'es pas invité.

Il a exécuté un saut en extension comme s'il était sur un terrain de handball et a balancé le rouleau de scotch dans notre installation.

La moitié des dinosaures se sont écroulés. Marie-Lou a ricané, l'air de s'en moquer :

– Vas-y, défoule-toi ! De toute façon, on a fini de jouer aux dinos, pas vrai Camille ?

– Euh oui, mais euh…

– Tu peux tout détruire si ça te fait plaisir, Charly.

– La prochaine fois, tu sais ce que j'en fais du scotch ?

– Laisse-moi deviner… Tu me le fais avaler par les trous de nez ?

Il a envoyé un coup de pied dans la chaise à roulettes du bureau comme s'il s'agissait de son skate. La chaise a valsé jusqu'à notre installation pour renverser l'autre moitié des dinosaures. Extinction de l'espèce.

Le père de Charly est sorti de la salle de bains avec son grand sourire et il nous a demandé :

– Vous jouez bien, les enfants ?

– Très bien, a répondu Marie-Lou en reposant les jambes au sol.

– Très bien, a acquiescé Charly en attrapant un dinosaure.

– Hmm, ai-je marmonné à moitié cachée derrière la porte de l'armoire.

À peine avait-il descendu l'escalier que ma copine a explosé.

– Tu ne recommences jamais ça, espèce de diplodocus merdicus à roulettes ! Jamais, tu m'entends !

Elle l'a poussé dans le couloir façon sumo de trois cents kilos. Charly a trébuché dans la panière à linge et s'est cogné la tête contre les barreaux de la rambarde. Il a marmonné :

– Toi je vais te...

Il n'a pas fini sa phrase. Tout pâle, il a touché l'arrière de son crâne. Marie-Lou s'est tournée vers moi, souriante :

– Catcheuse de première catégorie, hein ? Tu crois que j'ai des chances aux Jeux Olympiques ?

J'ai murmuré :

– Il s'est peut-être fait mal.

Elle a crié :

– J'espère bien qu'il s'est fait mal !

Du bas de l'escalier, Carmen a dit d'une voix guillerette, sans se rendre compte de la gravité de la situation :

– Les enfants, jouez plus calmement, on n'entend pas le film.

J'ai aidé Charly à se relever, heureusement il ne saignait pas.

– Tu n'auras qu'une bosse, lui ai-je soufflé.

Il a dévisagé Marie-Lou avec des fléchettes empoisonnées dans les yeux mais il a tourné les talons. J'ai regagné la chambre de ma copine pour ramasser la chaise et ranger les dinosaures dans la caisse.

Charly a claqué la porte de sa chambre aussi fort qu'il pouvait. Ma copine a claqué la porte de sa chambre aussi fort qu'elle pouvait.

– Il m'énerve, celui-là ! Tout ça pour un scotch !

– C'est vrai, c'est beaucoup de dégâts pour pas grand-chose.

Elle a pris un *Max et Lili* et s'est allongée sur mon lit comme s'il ne s'était rien passé. Moi, j'étais toute tremblante, j'avais envie de pleurer et de rentrer chez moi. Je n'avais jamais assisté à une dispute pareille. J'étais terrifiée. Je n'oserais jamais plus sortir de la chambre, de peur de croiser Charly.

Quelques minutes plus tard, Charly a ouvert la porte de notre chambre cinq étoiles calmement et a récupéré son rouleau de scotch tout pourri. Il nous a proposé d'une voix douce :

– Ça vous dit, des becs ?

Marie-Lou m'a interrogée du regard et a répondu :

– Ouais !

Paniquée, j'ai imaginé un coup de bec pointu. En fait, il est revenu avec un paquet de serpents piquants qu'on a partagé. Il s'est assis sur la chaise à roulettes et a posé ses pieds sur le bureau en rigolant avec Marie-Lou comme si la scène du braqueur et du sumo n'avait jamais existé. Moi, j'avais encore les mains qui tremblaient et je me concentrais sur les dinosaures pour les ranger dans l'ordre croissant. Carmen et son amoureux sont apparus et nous ont observés tout contents, dans les bras l'un de l'autre.

– Ils sont tellement adorables, ces enfants !

– Un vrai bonheur.

Charly nous a souhaité bonne nuit et il est parti.

– Pour notre première pyjama party, on fait une nuit blanche ? m'a proposé Marie-Lou.

– Tope là !

Elle a bondi sur son lit en criant « Hourra ! ». Je l'ai imitée et on a sauté comme des petites folles au milieu des bonbons en répétant « Hourra ! » à chaque rebond.

Une fois terminée notre petite danse de la joie, on a ouvert notre carnet de copines et on s'est installées toutes les deux dans le lit des invités en se mettant sous ma couette pour écrire nos secrets les plus secrets de ce début de CE2. Alors, on commence par lequel ?

Au secours, pipi !

Comme on ne trouvait pas de vrais secrets, Marie-Lou m'a proposé de dessiner le portrait des élèves de notre classe. C'était une bonne idée. Elle a commencé par Diego. Diego se prend pour le plus beau et le plus intéressant mais il est surtout moche et embêtant. Ma copine a fait un joli monstre avec des boutons, des yeux qui louchent et des dents écartées. Sur la page d'en face, j'ai écrit :

Diego, tu te crois beau et rigolo
En vrai, tu es un idiot pas jojo
Arrête d'embêter les filles.

– Qu'est-ce qui rime avec -ille ? ai-je demandé. *Et retourne jouer aux billes* ? Marie-Lou ? Tu dors ?

Mince, Marie-Lou s'était endormie dans mon lit, sous ma couette ! Il fallait que je me lève pour éteindre et j'avais trop la trouille de me retrouver dans le noir.

J'ai enjambé ma copine, j'ai appuyé sur l'interrupteur, j'ai fait demi-tour dans l'obscurité, j'ai trébuché sur elle mais ça ne l'a pas réveillée.

Je me suis allongée dans son lit et je me suis dit : « Bon maintenant, il est tard, il faut dormir. Tu ne vas pas faire une nuit blanche toute seule ! »

Et là, impossible de fermer l'œil.

Après de longues minutes éveillée, j'ai eu très envie de faire pipi. Ma hantise c'était de sortir de la chambre toute seule en pleine nuit. J'ai chuchoté :

– Marie-Lou, tu dors ?

Pour réponse, je n'ai eu que la respiration lente de quelqu'un en plein sommeil. J'ai interrogé plus fort :

– Marie-Lou, tu m'entends ? Ohé !

Non, elle ne m'entendait pas. Mais je ne pouvais pas m'empêcher de lui parler pour me rassurer.

– J'ai envie de faire pipi, tu m'accompagnes aux toilettes ? Bon, tu dors vraiment ou tu me fais une blague ? Je ne vais pas y aller toute seule.

J'ai tâté pour allumer la lampe de chevet. La lumière la réveillerait. J'ai fini par atteindre le fil, j'ai remonté les doigts jusqu'au bouton et j'ai appuyé mais pas de lumière. L'ampoule était certainement cassée. Et je n'avais même pas ma lampe torche ! Elle devait se promener dans les égouts.

Bon, patience Camille, rendors-toi. Ça va passer, ça va passer. Pense à autre chose, respire, non Camille tu n'as pas envie de faire pipi, d'habitude tu ne te lèves jamais en pleine nuit pour aller aux toilettes, alors pourquoi ici ? Résiste. Change de côté. Assieds-toi. Tu vois, ça passe. Allonge-toi. Endors-toi.

Non, je n'y arriverai jamais ! Il faut y aller ! Urgence !

Je me suis levée, j'ai tâtonné pour arriver jusqu'à la porte. Mais je me suis pris le pied dans la couette, je suis tombée et j'ai écrasé Marie-Lou de tout mon poids. Elle a fait :

– Hmmm ?
– Excuse, je t'ai réveillée ?
– Non, ça va.

Elle s'est retournée et s'est aussitôt remise à ronfler. Dommage, j'ai pensé.

J'ai eu beau chercher dans le noir partout sur le mur, je n'ai pas trouvé l'interrupteur. Alors j'ai ouvert la porte du couloir. Par une fenêtre, la lueur du réverbère de la rue éclairait les marches.

J'ai descendu l'escalier en m'accrochant à la rambarde. Une fois en bas, j'ai couru aux toilettes. Je n'ai pas pris le temps d'allumer avant de m'asseoir sur les cabinets, j'étais trop pressée.

Je finissais de faire pipi quand j'ai entendu un bruit étrange dans la cuisine, à côté. J'ai murmuré :

– Marie-Lou, c'est toi ? Je suis aux W.C.

Pas de réponse.

Mais le bruit persistait.

– Marie-Lou ?

J'ai remonté mon pyjama d'un coup et mon cœur a bondi dans ma cage thoracique : et si c'était le fantôme du frigo ? J'ai essayé de hurler quelque chose comme « Au secours ! » mais aucun son n'est sorti de ma bouche. J'ai verrouillé la porte, j'ai appuyé sur le vaporisateur de lavande pour que le monstre ne sente pas mon odeur et je n'ai plus bougé.

Je suis restée au moins 60 secondes assise sur la cuvette des toilettes.

Comment sortir de là ? Par la lucarne ? Elle était trop petite et trop haute. Tirer la chasse d'eau plusieurs fois de suite jusqu'à ce que quelqu'un se réveille et vienne à mon secours ? Trop risqué, le fantôme m'entendrait le premier.

Dès que le bruit s'est dissipé, je me suis glissée dans le couloir sur la pointe des pieds.

L'odeur étrange du frigo m'a alertée : c'était LUI ! Il existait vraiment.

On ne m'avait pas menti.

Était-il vraiment gentil ?

Pas sûr.

Je m'apprêtais à monter à toute allure l'escalier pour me cacher le plus vite possible sous la couette lorsque, sous la porte des toilettes, une lueur provenant sûrement d'une pièce voisine m'a intriguée.

J'ai retiré le verrou et j'ai avancé de quelques pas vers la cuisine éclairée. La porte du frigo était ouverte. J'ai bredouillé :
– Le fan-fan ? Le fan-tô ? Le fantôme ?

La trouille de minuit

J'ai grimpé l'escalier à toute vitesse. J'ai foncé dans la chambre, j'ai claqué la porte, le cœur battant, et je me suis allongée dans le lit des invités pour me serrer contre Marie-Lou.

– Le fantôme, il est en bas !

Je n'avais pas rêvé, il y avait bien un bruit dans la cuisine. Comme un pot de yaourt qu'on racle avec une cuiller.

Et puis j'ai entendu des pas dans l'escalier. Chaque marche a grincé. Je me suis enfouie sous la couette et je suis restée figée comme une momie.

J'ai pensé :

« Le fantôme vient me chercher, à l'aide ! Il sait que je sais. Je l'ai dérangé. Il n'aime pas les inconnus. »

Soudain, j'ai bondi hors du lit, j'ai poussé le bureau contre la porte et je suis retournée sous la couette.

« Mais un fantôme peut passer à travers les murs ! Au secours ! »

J'ai attendu. Les pas se sont approchés de la chambre puis ils se sont éloignés. Ensuite, je n'ai plus rien entendu. C'était le calme complet. Marie-Lou ne ronflait plus, elle avait changé de position. Je n'étais pas plus rassurée pour autant. J'ai saisi le tricératops géant par la queue au cas où. Et j'ai rampé sur le tapis.

Courageusement, je me suis relevée, j'ai dégagé le bureau et j'ai entrouvert la porte. Le couloir était désert.

Seul un filet de lumière passait sous la porte de la chambre de Charly.

– Charly, tu dors ? ai-je demandé d'une voix tellement basse que les mots ne sont même pas sortis de ma bouche.

J'ai eu un soupçon : si le fantôme et Charly étaient devenus amis et s'amusaient à effrayer les invités pour leur première nuit ?

Je me suis approchée sans bruit. J'ai approché l'œil de la serrure et j'ai observé. Je ne distinguais pas grand-chose dans la chambre de Charly. De la lumière, une ombre et puis le noir complet. Allaient-ils rallumer ? Allaient-ils discuter ?

Soudain, alors que j'avais encore l'œil collé contre la serrure, la porte s'est ouverte en grand.

J'ai sursauté et j'ai étouffé un cri d'horreur de la main.

C'était Charly, avec un sandwich. Il m'a lancé, décontracté :

– Tu veux partager le goûter d'Alfred ?

– Qui… qui ? Non non. Je, euh…

L'amoureux de Carmen est sorti de leur chambre et a dit du couloir, sans son grand sourire habituel :

– Vous discuterez demain. Allez vous coucher.

J'ai couru dans la chambre de ma copine, j'ai claqué la porte et je me suis enfouie sous ma couette, la tête contre l'oreiller. J'ai mis du temps à retrouver une respiration normale et à évacuer le brouillard dans mon cerveau. Et, peu à peu, j'ai compris qui était le fantôme du frigo.

Premier secret dans notre carnet

Je comprenais tout : le fantôme du frigo n'était autre que Charly qui avait un petit creux vers minuit et descendait se servir dans le frigidaire.

J'ai ri toute seule dans mon lit en pensant à la trouille que j'avais eue et je ne sais pas comment j'ai réussi mais je me suis endormie.

En nous lavant les dents la veille, Marie-Lou m'avait prévenue :

– La première qui ouvre les yeux réveille l'autre.

Et j'avais répondu oui, persuadée que ce serait moi pour ma première nuit chez une copine.

À 6 heures 47, Marie-Lou n'a pas hésité à me sauter dessus en me chatouillant. On a discuté, on a rigolé et on a joué. Puis on a déjeuné avant tout le monde. Marie-Lou m'a servi un énorme bol de céréales que j'ai eu du mal à terminer mais je me suis forcée pour ne pas gâcher. Et après deux verres de jus multivitaminé, on était en pleine forme pour notre matinée de pyjama party.

On est remontées s'habiller et Marie-Lou a eu la bonne idée d'échanger nos vêtements. Elle a ouvert son armoire et s'est exclamée :

– Après la pyjama party, la garde-robe party ! Choisis ce qui te fait envie !

Elle était en train de déranger les vêtements qu'on avait pliés la veille, je l'ai arrêtée au plus vite et j'ai mis son short en jean délavé et son tee-shirt jaune avec le papillon à paillettes.

Elle a mis mon pull rayé à l'envers parce qu'elle le trouvait encore plus beau de ce côté. Et elle a remonté mon pantalon jusqu'aux mollets pour qu'on voie bien les chaussettes roses avec les étoiles. Elle m'a demandé :

– Alors, ça va Marie-Lou ?

J'ai rigolé et je lui ai posé la même question :

– Et toi Camille, tu as passé une bonne nuit chez moi ?

Malgré le jus multivitaminé, je n'arrêtais pas de me frotter les yeux mais je n'avais pas envie de me recoucher.

– Il est sympa Alfred, c'est vrai.

– Tu l'as vu quand ? Tu aurais dû me réveiller.

– En tout cas j'ai eu la trouille. Mais tu n'en parles à personne, promis ?

– Tiens, ça, c'est un secret ! s'est écriée Marie-Lou en glissant le carnet à mes genoux.

J'ai ouvert le carnet après le portrait de Diego, j'ai cliqué sur le bouton rose du stylo quatre couleurs et j'ai écrit en gros le titre : Fantôme, frissons et fous rires.

– Je te laisse, j'ai du rangement à faire, m'a dit Marie-Lou en ramassant les pyjamas qu'on avait sortis la veille. Je lirai à la fin.

J'ai rempli sept pages sans respirer.

Marie-Lou avait plus dérangé que rangé. Elle s'est arrêtée pour lire et je l'ai vue sourire pendant toute mon histoire.

– Tu racontes bien. Je pourrai faire des dessins là où il y a de la place?

Elle a sorti ses feutres et s'est installée au milieu de son bazar pour illustrer mon récit. C'était très réussi. Je n'avais qu'une envie : montrer notre carnet de secrets à tout le monde pour faire admirer notre œuvre. Oui mais alors, ce ne serait plus vraiment un carnet de secrets.

Vers 11 heures, j'ai entendu des voix connues dans l'entrée. Du haut de l'escalier, j'ai crié :

– Déjà là ?

Ils sont tous venus me chercher : papa, maman et Tom.

– Chouchou-koala !

J'ai dévalé l'escalier et j'ai sauté au cou de mon frère : il avait pensé à m'apporter ma peluche préférée ! Comme si j'étais partie depuis plusieurs mois, je me suis exclamée :

– Tom, ça me fait plaisir de te revoir ! Tu as grandi !

Maman m'a demandé :

– Alors cette première pyjama party chez Marie-Lou s'est bien passée?

– Hyper bien! ai-je répondu en oubliant complètement que tout ne s'était quand même pas si bien passé, mais en définitive j'étais super contente et fière d'y être arrivée.

– Tu reviens dormir quand? a demandé Marie-Lou. Samedi prochain?

– Et on fera des hamburgers maison, c'est moi qui m'en occupe! a lancé Charly. Avec plein de ketchup qui dégouline.

Mon frère a réclamé :

– Moi aussi, j'en veux des hamburgers avec du ketchup et des sardines!

– Des sardines? a répété Charly en rigolant. Bonne idée, on essaiera le hamburger aux sardines!

– Ça devrait plaire à Alfred, ai-je glissé à Charly qui m'a souri.

J'ai fait mon sac et j'ai dit au revoir à Marie-Lou et à sa famille. Sur le chemin du retour, j'ai repensé à cette première pyjama party chez une copine. Finalement, elle s'était bien passée.

1- On s'est tellement bien amusées que j'ai oublié mes peurs de dormir ailleurs.

2- On a bien avancé notre carnet de secrets de copines et c'est encourageant pour la suite.

3- En plus, maintenant, j'étais contente de retrouver mon petit frère. On avait gagné 1 % de joie entre frère et sœur. Quel progrès !

J'ai adressé un sourire à Tom qui marchait quelques pas derrière nous. Et j'ai reconnu l'objet avec lequel il jouait en douce.

– Mais c'est ma mini-lampe torche ! me suis-je écriée. Tu l'as trouvée où ?

Il l'a fourrée dans sa poche et a fait sa mine étonnée :

– Quelle sacoche ?

– Je te parle de ma lampe torche, tu as très bien entendu !

Ce stégosaure à roulettes l'avait piquée dans la pochette de mon sac coccinelle avant que je parte chez Marie-Lou ! À cause de lui, j'avais eu la peur de ma vie pendant ma pyjama party. Mais une belle histoire aussi.

Je lui ai laissé ma lampe torche. Inutile de s'énerver contre ce frère qui pique tout le temps les affaires, il ne changera jamais. J'ai préféré penser à un sujet qui me rendait joyeuse, notre carnet de copines : quel secret ajouter après celui de notre pyjama party ? Un secret de récré… ce serait une bonne idée.

Table des matières

Alors… tu dors ! 5

Topé, c'est topé... 13

Vite, mon sac 21

Oh, un fantôme dans le frigo ! 29

Chambre cinq étoiles 37

Petit cafard du soir 45

Pyjacourt, combi ou chemise de nuit ? 55

Au secours, pipi ! 67

La trouille de minuit................................ 77

Premier secret dans notre carnet............ 83

L'auteure

Ségolène Valente vit en région parisienne. Elle a écrit son premier roman pour sa petite sœur, *Ma Première boum* paru chez Rageot en 2000. Depuis elle s'est inspirée de ses élèves quand elle était prof de français, de ses trois fils et de ses lecteurs qu'elle aime rencontrer.

Connue aussi pour sa série *Vampirette* publiée dans J'aime Lire, elle aime divertir et éveiller ses lecteurs, parlant d'amitié, d'amour et de la vie de tous les jours, avec tendresse et humour.

L'illustratrice

Née à Montpellier d'un père français et d'une mère norvégienne, **Isabelle Maroger** a dès son plus jeune âge gribouillé partout et sur tout, de préférence sur les rideaux du salon, sur son petit frère, sa grande sœur, son chien et son chat... Cela lui a réussi car elle a poursuivi ses hautes études de gribouillage dans une vraie école de dessin, l'école Émile-Cohl de Lyon.

Désormais elle illustre des livres et des magazines pour enfants ou femmes chic. Elle aime créer des images graphiques et qui donnent le sourire :-)

Isabelle Maroger vit à Lyon.

Retrouvez la collection

sur le site www.rageot.fr

RAGEOT s'engage pour l'environnement en réduisant l'empreinte carbone de ses livres
Celle de cet exemplaire est de :
300 g éq . CO₂
Rendez-vous sur
www.rageot-durable.fr

PAPIER À BASE DE FIBRES CERTIFIÉES

Achevé d'imprimer en France en janvier 2017
par l'imprimerie Jouve (Mayenne)
Dépôt légal : mars 2017
Numéro d'édition : 5456 – 01
Numéro d'impression : 2504260E